AF453573

PETITE GALERIE

DES

DÉCOUVERTES ET INVENTIONS

UTILES ET CURIEUSES

OUVRAGES DU MÊME FORMAT

PUBLIÉS CHEZ LE MÊME ÉDITEUR.

NOUVEAU LIVRE DES PETITS GARÇONS.

JEUX DE LA POUPÉE.

JEUX ET EXERCICES DES PETITES FILLES.

SEMAINE D'UNE PETITE FILLE.

LA NUIT DE NOEL.

ÉDUCATION D'UNE POUPÉE.

LES PLUS JOLIS CONTES DES MILLE ET UNE NUITS.

L'ONCLE TOM RACONTÉ AUX ENFANTS.

PARIS. — IMP. SIMON RAÇON ET COMP., RUE D'ERFURTH, 1.

PETITE GALERIE
des
DÉCOUVERTES
et
INVENTIONS.

PETITE GALERIE

DES

DÉCOUVERTES

ET

INVENTIONS

UTILES ET CURIEUSES

Les longs ouvrages me font peur.
Loin d'épuiser une matière,
On n'en doit prendre que la fleur.

La Fontaine.

PARIS

AMÉDÉE BÉDELET, LIBRAIRE-ÉDITEUR

20, RUE DES GRANDS-AUGUSTINS.

PETITE GALERIE

DES

DÉCOUVERTES

ET INVENTIONS

I

L'AGRICULTURE

En créant l'homme, Dieu lui avait soumis toute la nature ; il en avait fait le maître de l'univers. L'homme désobéit à Dieu, et la nature entière se révolta contre lui ; il fut condamné au travail et chassé du paradis.

Quand il se vit errant sur la terre, nu, faible,

exposé à mille causes d'anéantissement, il dut examiner avec attention chacun des objets, afin d'en reconnaître, par rapport à lui, les qualités utiles ou nuisibles. Tous les fruits n'avaient pas la même saveur et n'étaient pas également propres à servir d'aliments ; les animaux dont il fit plus tard sa nourriture, et qu'il tua pour se couvrir de leurs fourrures, n'étaient pas des victimes résignées, recevant la mort sans résistance : ceux-ci échappaient par la fuite ou la ruse; ceux-là, carnassiers comme lui, ne cédaient qu'à la supériorité de la force ou de l'intelligence. Dieu, voyant la patience et les fatigues de l'homme, lui rendit une partie de ses droits. L'homme fit un cheval de labour du coursier fougueux pris dans les bois. Du buffle des marais, du chameau du désert, du renne des régions polaires, il fit d'utiles serviteurs. Il appela dans la plaine le bouquetin qui vit sur la montagne, et fit de la chèvre, sa femelle, une laitière et une

nourrice. Il sut réunir en troupeaux les diverses espèces d'oies, de dindes, de canards et de volaille de
toute espèce. Pour peupler ses viviers, il s'empara
du poisson des lacs et des rivières. Une chenille lui
fournit ses vêtements les plus somptueux; une mou-
che lui composa du sucre. Plusieurs autres espèces
animales lui fournirent des duvets, des soies, des
toisons. Il cultiva le froment, l'orge, l'avoine, le
seigle. Dans les terres marécageuses il sema le
riz, et le sarrasin dans les terres maigres et ari-
des. Il trouva dans les forêts le pommier, le poi-
rier, le cerisier; et, quand l'eau des fontaines ne
lui suffit plus, il planta la vigne sur les coteaux.
Le pavot, inutile dans ses moissons, calma ses dou-
leurs, et l'écorce d'un arbre le rappela à la vie.
Les fleurs, plantées sur des couches habilement
préparées, offrirent à l'œil toutes les couleurs et
toutes les formes, et à l'odorat tous les parfums.

Ainsi, l'agriculture est l'industrie qui provoque

la production des matières brutes, ou simplement les recueille des mains de la nature. C'est un culte perpétuel que l'homme rend à son Créateur en perfectionnant son œuvre.

L'agriculture, le premier des arts, emprunte aux sciences naturelles ses connaissances et ses améliorations les plus précieuses. La botanique lui fournit des renseignements exacts, non-seulement sur les végétaux cultivés à raison de leur utilité pour l'homme, mais aussi sur ceux que leurs propriétés nuisibles doivent faire soigneusement extirper. La zoologie lui indique les races propres au labourage ou celles dont l'éducation lui est avantageuse. La géologie lui facilite l'exploitation des pierres qui servent à ses édifices, ou des métaux dont il forgera ses instruments de labourage, et la météorologie lui enseigne l'immense influence que les saisons et leurs variations exercent sur la culture.

Les Égyptiens faisaient honneur de l'invention de l'agriculture à Osiris, les Grecs à Cérès ou à Triptolème son fils, ou plutôt à tous les deux, et les premiers habitants de l'Italie à Saturne ou à Janus.

Pour encourager l'agriculture, chaque année, dans le mois de février, l'empereur de la Chine, suivi de toute sa cour et accompagné de vingt-quatre laboureurs couverts du manteau de chaume, laboure lui-même un certain nombre de sillons, y sème les cinq grains le plus estimés, le *froment*, l'*orge*, le *riz*, le *maïs*, et le *millet*.

Les rois de France protégèrent aussi de tout temps l'agriculture. Louis XVI tira d'Espagne le premier troupeau de moutons mérinos, et fonda les écoles vétérinaires d'Alfort et de Lyon. Sous le règne de Napoléon, les champs se couvrirent de betteraves, plante qui contient un sucre semblable à celui de la canne à sucre. Enfin on a perfectionné les an-

ciens outils et on en a inventé de nouveaux. L'art
vétérinaire a fourni de puissants moyens de soi-
gner les animaux utiles, d'en perfectionner les
races, de prévenir leurs maladies et de les guérir.

II

LES TOILES ET LES ÉTOFFES

Or Anne sa femme allait tous les
jours faire de la toile, et apportait
du travail de ses mains ce qu'elle
pouvait gagner pour vivre. (*Tobie.*)

On donne ce nom aux tissus de fil, de chanvre,
laine, soie, etc., etc., fabriqués avec la navette.

Les substances susceptibles de former un tissu
peuvent être, ou animales, telles que la laine,
les duvets, les crins, la soie; ou végétales, comme

le chanvre, le lin, le coton; ou enfin minérales, comme l'amiante, l'or, l'argent, le cuivre, l'acier, et même le fer. Parmi les matières filamenteuses, quelques-unes ont la force en partage, d'autres sont remarquables par leur finesse et leur flexibilité; d'autres, enfin, séduisent par leur brillant et leur rareté. Elles peuvent être employées isolément, et, si on les entremêle, elles fournissent d'inépuisables combinaisons.

L'art du tisserand a pris naissance dans les siècles les plus reculés; les plus anciens auteurs en parlent comme d'une industrie connue depuis longtemps. C'est aux Sidoniens et aux Phéniciens que remonte l'invention des toiles de lin, et les Égyptiens sont les premiers qui ont introduit l'usage de travailler assis; auparavant les tisserands se tenaient debout devant leurs métiers, parce que les fils de leurs chaînes étaient tendus verticalement de haut en bas, de la même manière qu'ils sont placés aujourd'hui dans les métiers de haute lisse. Les anciens Gaulois, au rapport de Pline, semblent avoir excellé dans ce genre d'industrie, et l'on a trouvé un grand nombre de produits divers de cet art à Saint-Germain-des-Prés, dans les tombeaux du dixième siècle. Ce n'est guère que deux siècles avant les croisades qu'on a fabriqué les premières toiles de chanvre, dont l'usage ne s'est généralisé qu'à partir du douzième siècle.

On appelle toile peinte celle qui a été peinte de diverses couleurs, à l'instar du même genre de produit que nous fournit l'Inde. Il y a long-temps qu'on fait des toiles peintes en France; Charles VI en envoya à Bajazet avec de superbes tapisseries de Flandre, représentant les batailles d'Alexandre.

Un des plus somptueux tissus est la soie; l'usage en était connu en Chine dès la plus haute antiquité. Les Romains ne la connurent que sous l'Empire, et Héliogabale fut le premier Romain qui se vêtit d'une robe de soie. Son origine resta inconnue jusque vers le milieu du sixième siècle. Deux moines persans, ayant pénétré dans la Chine, y surprirent l'éducation des vers et rapportèrent à Constantinople de la graine de mûriers dans des cannes creusées.

La France eut des fabriques de soieries dès le quinzième siècle. Ce fut à Tours, sous le règne de saint Louis, que s'établirent les premiers ouvriers, et Lyon, prédestinée à la prodigieuse fabrication qui fait aujourd'hui la base de son immense commerce, se distingua de bonne heure par la qualité de ses soieries, et particulièrement de ses velours.

Dans ces derniers temps, la fabrication des étoffes s'est enrichie d'améliorations assez importantes pour constituer un art nouveau.

III

LA NAVIGATION

La navigation est cet art merveilleux par lequel
le marin retrouve constamment sa route à travers
les plaines uniformes et presque sans fin d'un
océan qui n'a pour bornes partout que le ciel, et
un horizon toujours monotone, toujours le même.

Des cartes sur lesquelles se trouve la figure réduite des mers qu'il parcourt, la latitude et la longitude, suffisent au capitaine de navire pour indiquer exactement l'endroit du monde où il se trouve.

Les anciens n'avaient aucune des connaissances des marins de nos jours : aussi ne compte-t-on point chez eux de navigateurs qui méritent d'être cités.

En 1492, sous le règne de Ferdinand le Catholique et d'Isabelle, son épouse, les vagues de l'Océan vomirent sur les plages du Nouveau-Monde l'homme dont l'apparition sur ce nouvel hémisphère fut le signal du massacre de plus de douze millions d'Indiens.

L'escadre de Magellan, Portugais, partie en 1519, sous Charles-Quint, fit la première le tour du monde.

En 1526, Sébastien Cabot, commandant des

navires espagnols, remonta très-avant dans la Plata (Amérique méridionale), et huit ans plus tard, en 1534, Jean Cartier s'avance dans le fleuve Saint-Laurent (Amérique septentrionale), et ouvre ainsi la voie pour fonder la belle colonie du Canada.

Aucune description ne saurait rendre ce qu'il y a d'audacieux, de grand dans la contemplation d'un de nos vaisseaux sous voiles, cette masse énorme flottant, comme un jouet, au gré de la volonté d'un homme, emportant jusqu'aux confins de la terre l'abrégé de tout un monde.

Ce serait un rude travail que de donner la nomenclature des machines qui servent à naviguer chez tous les peuples et peuplades de la terre. Le trois-mâts marchand et la pirogue du nègre, le vaisseau à trois ponts et la petite canonnière, les bateaux de charge informes que traînent nos rivières, l'élégante gondole vénitienne et le grossier cotimarron fernamboucois sont également compris dans la vaste et générale acception du mot navire.

Les navires des peuples civilisés se divisent en marine militaire ou de l'État, et en marine marchande, spécialement affectée au commerce.

IV

LA BOUSSOLE

Cet instrument est formé par une aiguille d'acier aimanté, aplatie et de très-peu d'épaisseur, dont les bouts se terminent en flèche. Cette aiguille est rendue aussi légère que possible; elle est percée dans son milieu, afin de recevoir une châsse formée par un corps dur, comme l'agate ou le diamant. De cette manière, le pivot sur lequel elle repose tourne et ne la pénètre pas. Le tout est renfermé dans une boîte à couvercle transparent, afin de soustraire l'instrument aux agitations de l'air. Un cercle horizontal est tracé autour de l'aiguille aimantée, et indique les quatre points cardinaux et leurs divisions. A très-peu de chose près les indications de la boussole sont toujours sûres, et les deux extrémités de l'aiguille regardent constamment les pôles de la terre.

L'usage de la boussole était connu en Chine plus de mille ans avant l'ère chrétienne; il ne s'est répandu en Europe que vers le treizième siècle. Cette découverte a eu une influence immense sur les progrès des sciences et sur les relations commerciales, puisque la boussole est un guide nécessaire et indispensable dans les voyages de long cours.

Privées de cette ressource et sans autres guides que les astres, les nations maritimes de l'antiquité ne purent étendre bien loin leurs courses sur les mers où s'aventuraient leurs frêles navires, ni même le long des côtes, qu'ils ne pouvaient perdre de vue longtemps sans danger.

L'instrument nautique le plus employé au moyen âge était l'astrolabe, instrument pour mesurer la hauteur des astres et connaître la latitude où l'on est; il passe pour avoir été inventé par les Arabes qui habitaient la péninsule ibérienne, et fut perfectionné par Martin Behaim, né à Nurenberg en 1430, et qui passa en Portugal sous le règne de Jean II, monté sur le trône en 1481.

La boussole et l'astrolabe permirent aux nautoniers de s'avancer à pas de géant sur les vastes mers, et procurèrent, presque dans le même temps, la découverte du Nouveau-Monde et celle de la route des Grandes-Indes, par la découverte, sous le règne de Jean II, du cap des Tempêtes, nommé depuis cap de Bonne-Espérance.

2.

V

LES ARMES

Par le mot arme on entend tout ce qui sert à l'attaque ou à la défense. Tous les êtres, excepté l'homme, ont des armes naturelles; c'est par elles que le lion, ainsi que l'insecte le moins aperçu, se saisit de sa proie, et conserve sa vie en donnant la mort à des êtres plus faibles.

Les mains de l'homme et ses pieds ne sont point armés, comme les pattes du lion et du tigre, de griffes acérées; ses mâchoires ne sont point, comme celles des animaux carnassiers, armées de dents aiguës et tranchantes; son corps est nu, et la peau qui le recouvre se laisse entamer sans résistance. Son intelligence et le besoin de sa propre conservation lui procurèrent des armes artificielles; il sut s'en faire des premiers objets qu'il rencontra: il lança les pierres qui se trouvaient à ses pieds; il se défendit ou attaqua avec la branche d'arbre brisée par l'orage, et ramassa pour sa défense la mâchoire de l'âne ou du cheval que le temps avait blanchie.

Les armes sont aussi anciennes que le monde; la mort d'Abel nous le prouve. Une seule famille était alors sur la terre; déjà la guerre existait. et l'emploi des armes était connu.

Presque tous les corps de la nature deviennent

des armes pour l'homme de génie qui en connaît la propriété. C'était avec un miroir ardent qu'Archimède incendiait la flotte romaine devant Syracuse, et c'était avec le climat de Saint-Domingue, qu'il connaissait, que Toussaint-Louverture fit périr, en 1801, et sans combattre, quarante mille Français en deux ou trois mois. Aujourd'hui, on emploie exclusivement pour les armes le fer, l'acier et le bronze.

Si l'homme est faible par le défaut d'armes naturelles, combien il est fort par les armes artificielles que son intelligence lui a fournies ! C'est par celles-ci qu'il commande à tous les êtres; c'est par celles-ci qu'il se saisit de tout ce qui lui est utile, et se défend contre ce qui lui nuit; c'est par celles-ci qu'il se combat lui-même, et que les peuples conquièrent, conservent ou perdent leur liberté.

VI

LA POUDRE

—

La poudre est un mélange intime de salpêtre, de soufre, de charbon, qui s'enflamme aisément, et sert à charger les canons, les fusils et les autres armes à feu. Les Chinois connaissaient la poudre et se servaient de canons dans leurs guerres plusieurs siècles avant notre ère. Ce fut en 1346 que la poudre fut pour la première fois employée dans les guerres de l'Europe; cependant il est certain qu'elle fut connue longtemps avant d'être utilisée. Roger Bacon, moine anglais, né vers 1214, donne les moyens, par le mélange indiqué plus haut, d'imiter les éclairs et de produire plus de bruit et d'éclat qu'un coup de tonnerre.

En 1346, sous Philippe de Valois, les Anglais, sous la conduite d'Édouard III, furent en partie redevables de la victoire qu'ils remportèrent sur nous, auprès de Crécy, à l'emploi des armes à feu. L'invention en avait été récemment faite par un moine allemand nommé Schwartz, et les retranchements anglais étaient défendus par six canons. L'explosion, le feu et les ravages terribles de ces nouvelles machines de guerre devaient donner de l'avantage à ceux qui en profitaient les premiers. Les Français, par un excès d'honneur ou d'orgueil militaire, ne voulaient pas tirer de l'arbalète, qu'ils regardaient comme une arme de lâches; ils soldaient des étrangers pour cela. Un corps d'arbalétriers génois couvrait le front de l'armée; soit crainte, soit lassitude, il refuse de marcher. Les Français irrités lancent leur cavalerie au milieu des fantassins, les rompent et les écrasent. Les Génois, ainsi foulés, se prennent aux jambes des chevaux, renversent les cavaliers, les égorgent avec les petits couteaux qu'ils portaient à leurs ceintures, et commencent le désordre qui devait être si funeste à la France. Les Anglais, moins scrupuleux, formaient eux-mêmes des corps d'arbalétriers.

La poudre, si meurtrière dans les guerres, rehausse l'éclat des fêtes dans la paix. Vous connaissez tous les feux d'artifice. Leur composition constitue un art moderne, plus récent que l'invention de la poudre. Cet art a fait beaucoup de progrès en peu de temps et a bientôt atteint la perfection. C'est aux limailles de fer, d'acier, de cuivre, de zinc, aux différentes espèces de résine, au camphre, au lycopode, mêlés au charbon, au nitre, au salpêtre, que sont dues ces belles couleurs, ces étoiles étincelantes, ces pluies d'or qui nous éblouissent dans nos fêtes publiques; et ce bouquet final qui couronne ordinairement un feu d'artifice est le produit de ces fusées volantes qui, employées avec profusion, partent avec une prodigieuse vitesse et remplacent pour un instant l'éclat du jour.

Les inventions les plus nouvelles en ce genre appartiennent aux célèbres artificiers Ruggieri père et fils, qui ont exécuté dans la capitale de la France les feux les plus beaux et les plus brillants qu'on ait jamais vus.

VII

L'ALPHABET ET L'ÉCRITURE

L'écriture est l'art de peindre la parole par des signes visibles et de convention. La peinture des choses a été la première écriture employée. Les Espagnols la trouvèrent établie au Mexique. C'est par elle que l'empereur fut informé de leur arrivéc. La combinaison de ces signes prêtait souvent à des interprétations et à des équivoques plus ou moins vagues. L'alphabet, devenu nécessaire, fut créé. Son origine se perd dans la nuit des temps; cependant la ressemblance que l'on remarque entre l'alphabet de tous les peuples indique une origine commune.

L'antiquité grecque et romaine fait honneur aux Égyptiens, peuple d'Afrique, de l'invention de l'alphabet et de l'écriture, et la critique moderne a reconnu par l'étude des monuments qu'aucun peuple de l'ancien monde ne pouvait, à cet égard, infirmer ce jugement, consacré par l'autorité des siècles. Les Phéniciens, dont nous allons parler à l'article du verre, apportèrent l'alphabet dans les contrées appelées aujourd'hui royaumes d'Andalousie et de Grenade.

Vers le règne de Charlemagne, la belle écriture était en honneur en France. Du dixième au quatorzième siècle, l'écriture gothique, avec l'abus des ornements, régna en souveraine. Aujourd'hui, les lettres gothiques, avec leurs ornements, commencent à reparaître : c'est un pas en arrière. Les Chinois mettent une grande importance à la beauté et à la netteté des caractères de leur écriture ; leur perfection annonce toujours un homme d'esprit et de mérite. C'est le contraire chez nous : la plupart des savants, des gens de lettres, des femmes à la mode, semblent se piquer de mal former leurs lettres et d'avoir une mauvaise écriture. Avant l'usage général des plumes, on se servait de roseaux et de pinceaux. En Chine, on s'en sert encore, et le papier, qui est extrêmement fin, ne supporterait pas un bec de plume sans être égratigné.

C'est par l'écriture que les hommes ont pu conserver leurs pensées, leur faire traverser de grandes distances, et les léguer aux temps les plus éloignés. L'écriture alphabétique si simple, si exacte, est une institution sans égale; elle fut auxiliaire indispensable de la civilisation, et, à l'exclusion de tout autre, le plus fidèle courtier de l'intelligence.

Avant l'écriture, l'imprimerie et la poste, il y avait peu de communications entre les peuples; il y a maintenant entre eux une sympathie. Les nations diverses n'en forment plus qu'une par la pensée, et la guerre pourrait se faire avec une plume et de l'encre.

L'écriture a fait faire les premiers pas à la civilisation, l'imprimerie a hâté sa marche.

VIII

L'IMPRIMERIE

L'imprimerie ou l'art typographique consiste à composér avec des caractères mobiles toutes sortes de discours manuscrits, et à les multiplier à l'infini par l'impression. C'est une des plus belles découvertes de l'esprit humain. Par elle, rien ne peut mourir ici-bas ; les grands hommes et les grandes choses échappent au néant : aussi tous les peuples civilisés se sont-ils empressés de s'en emparer.

Avant l'invention de l'imprimerie, des esclaves ou des affranchis exécutaient les manuscrits ou livres écrits à la main ; plus tard, les moines s'en occupèrent, particulièrement les Bénédictins, à qui ce travail était imposé par la règle de leur ordre. Des correcteurs et des rubricateurs corrigeaient et ornaient les manuscrits sortis des mains des copistes.

Selon ce que rapportent les écrivains hollandais, qui revendiquent pour leur pays la découverte de l'imprimerie, Laurent Coster, sacristain de Harlem, né en 1570, se promenait seul dans les bois ; il lui prit fantaisie de tailler dans les morceaux d'écorce de hêtres des lettres en relief. Au moyen de ces caractères, il reproduisit sur du papier quelques vers et de courtes phrases pour l'instruction de ses petits-fils. Ensuite, il changea ces types de hêtre en types de plomb, puis en types d'étain. Il fit de sa découverte une branche de commerce fort lucrative, et prit un domestique qu'il s'associa. Ce domestique, nommé Faust, qui avait été initié aux secrets de son invention, après avoir prêté serment de n'en rien révéler, profita du moment où son maître se trouvait à la messe de minuit pour s'enfuir, emportant les ustensiles nécessaires à l'imprimerie.

Vers 1450, Guttemberg, qui habitait Strasbourg, s'étant associé avec Faust, établit une imprimerie régulière : aussi est-ce dans cette ville que l'on place avec raison le berceau de l'art typographique.

En 1592, les Elzévirs, d'Amsterdam et de Leyde, dont les éditions sont aujourd'hui si estimées, illustrèrent l'imprimerie hollandaise. La

France est une des contrées où l'imprimerie a fait le plus de progrès. Louis XI l'accueillit et l'entoura de toute sa protection; Louis XVI accordait une bienveillance particulière aux hommes qui se livraient à cette profession ; il aimait à exécuter lui-même les opérations les plus difficiles de cet art. Il a imprimé en 1766, pour la cour seulement, un petit volume de maximes tirées de Télémaque. Les Pierre Didot, les Firmin Didot et les Crapelet se sont fait un nom dans cette carrière, et leurs éditions sont recherchées dans le monde entier.

IX

LE PAPIER

On écrivit d'abord, ou plutôt on grava l'écriture sur la pierre, le bois ou le plomb, sur le marbre et l'airain ; on laissa ensuite ces matières pesantes pour l'ivoire ou des feuillets de matières légères. Ce fut sur des tables de pierre que Dieu donna ses lois écrites à Moïse.

Pour l'usage ordinaire, les anciens durent se

servir de feuilles de palmier, ou des parties unies des végétaux, pour tracer des caractères au moyen de pinceaux. On se servit ensuite d'écorces d'arbres; puis on fabriqua des tablettes enduites de cire, sur lesquelles on écrivait avec une forte plume de fer ou un poinçon pointu par un bout, et plat d'un autre pour effacer les caractères. On en vint ensuite à faire des feuilles propres à écrire et d'un travail plus parfait avec l'écorce d'un roseau nommé papyrus. Elles provenaient des lames minces et blanches dont les tiges se composent. Ces lames ou feuillets, disposés par plusieurs couches et battus ensemble, formaient des feuilles extrêmement longues propres à recevoir l'écriture. On en trouve ainsi de roulées, qui ont dix à quinze mètres de longueur, dans les cercueils et dans les mains mêmes des momies.

Les rois d'Égypte ayant défendu le transport des feuilles de papyrus hors de leur pays, les rois de Pergame furent contraints de se servir de peaux d'animaux préparées pour écrire et pour composer la bibliothèque qu'ils voulaient dresser à l'imitation de celle des Ptolémées. On employait à cet usage les peaux de mouton et de chevreau ; on nomma ces peaux ainsi préparées *parchemins*, du nom de la ville de Pergame, et, pendant toute l'antiquité, l'Asie-Mineure fournit le meilleur parchemin. Cette substance était très-connue à Rome au temps de Cicéron.

Pendant le cinquième et le sixième siècle, on n'eut pas, en France et en Allemagne, d'autre matière pour écrire que le papyrus d'Égypte, appelé papier. L'invasion de l'Orient par les Arabes obligea, durant les deux siècles suivants, les peuples du nord de l'Europe, où le roseau d'Égypte n'était pas connu, à se servir de parchemin. Sa rareté en Europe aux onzième et douzième siècles fut telle, que l'usage s'établit partout d'effacer avec de certaines préparations l'encre des anciens manuscrits en parchemin, ou bien de les gratter pour les rendre propres à recevoir d'autres écrits Peut-être ne fût-il pas ainsi resté un seul manuscrit ancien, si cette pratique barbare n'eût disparu vers le treizième siècle, par la connaissance qu'on eut alors du papier de chiffon, qui fut apporté de l'Orient. On n'en connaît pas l'inventeur, quoiqu'on sache à peu près l'époque de l'établissement des papeteries en Europe. Ce fut vers 1340, sous Philippe de Valois, que s'établirent en France les premières papeteries, et la première feuille de papier qu'on connaisse date de 1319.

La recherche, le triage, le lavage des chiffons, occupent beaucoup de monde dans les grandes villes, et les machines destinées en Europe à la fabrication du papier de chiffon ont reçu depuis quelques années de grands perfectionnements.

X

LA PORCELAINE,
LA FAIENCE ET LA POTERIE

L'origine de l'art du potier remonte à l'origine
même des sociétés : l'argile, matière facile à travailler, se trouvait partout; séchée d'abord au
soleil, et ensuite au feu, elle prenait la consis-

tance pour les vases qui en étaient composés. Successivement, les formes très-simples d'abord, et imitant les objets naturels, les écailles d'huître, de tortue, les écorces séchées de quelques fruits, se perfectionnèrent, quand le goût se fut associé à l'industrie humaine, et les artistes s'appliquèrent alors à inventer ce qu'on appelle le profil, qui comprend les bonnes proportions et la grâce de l'ensemble.

Les Égyptiens ont trouvé les premiers les beaux modèles; mais l'art des Grecs les surpassa, et les élégantes poteries à pâte colorée, si célèbres sous le nom d'étrusques, sont ce qu'ils ont connu de plus parfait dans ce genre.

La fabrication de la porcelaine est en vigueur en Orient depuis la plus haute antiquité; la Chine est la terre classique de cette poterie. Elle y est abondante et communément employée par tout le peuple. On la fait même servir à la décoration des édifices : c'est la brique élevée à son plus haut point de brillant et d'excellence. En Europe, la fabrication de la porcelaine est tout à fait moderne. La manufacture royale de Sèvres est la première que l'on y ait vue, et elle n'a pas encore cent ans d'existence. La France s'est acquis dans ce genre de fabrication une supériorité incontestable : elle a mis dans le monde des poteries plus parfaites que tout ce que les temps antérieurs ont pu voir.

Les faïences sont ces poteries à pâte blanche et sonore, et connues sous le nom de terre de pipes, terres anglaises, que nos fabriques colportent avec tant de profusion et à si bas prix dans nos campagnes. Quelquefois on les décore, soit avec des peintures faites au pinceau, soit avec des gravures sur papier, que l'on y décalque à l'aide de certains procédés.

Une argile moins pure est employée pour les

poteries communes. On en fait des terrines, des tuyaux de conduite, des pots à fleurs, des réchauds pour les cuisines.

Enfin, d'autres argiles susceptibles de soutenir le feu le plus violent sans se déformer sont consacrées à la fabrication des gréseries, qui sont également des poteries d'un usage journalier.

La richesse annuellement produite par le travail des potiers et fabricants de porcelaine peut être estimée à une quarantaine de millions, mais elle est en partie équilibrée par la casse continuelle ou la détérioration de toutes les espèces de poteries.

Vers le commencement du seizième siècle naquit dans le diocèse d'Agen un homme de génie dont s'honore la France, et l'art du potier en particulier, Bernard Palissy. Ayant vu une coupe de terre tournée et émaillée d'une grande beauté, il se persuada que, s'il pouvait trouver le secret de la composition de l'émail, cette découverte le conduirait à la fortune. Plein de cette idée, il quitte un état certain, fait construire un four avec de l'argent qu'il emprunte, se met au travail, et, comme le bois lui manquait, il brûle les tables et les planches de sa maison, et ne réussit qu'imparfaitement. Alors Palissy devint si misérable, qu'il n'osait sortir. Après seize années d'essai, il découvre enfin la composition de l'émail; et bientôt le roi Henri II, le connétable de Montmorency, le duc de Montpensier, se disputent ses belles poteries et ses rustiques figurines, rangées encore aujourd'hui dans les trésors du Louvre. Palissy avait obtenu d'habiter les Tuileries; il dut à cette demeure royale d'échapper au massacre de la Saint-Barthélemy, car il avait embrassé les principes de la réforme. Enfermé plus tard par les ligueurs, il termina néanmoins ses jours en prison.

XI

LE VERRE

On nomme ainsi une substance transparente blanche ou colorée et connue de tout le monde.

Le hasard fut sans doute pour beaucoup dans l'invention du verre. Pline, auteur latin, rap-

porte que des marchands de nitre, traversant la Phénicie, s'arrêtèrent sur les bords du fleuve Belus pour faire cuire leur viande ; à défaut de pierres pour soutenir leurs vases, ils se servirent de morceaux de nitre; alors le nitre, mêlé avec le sable, s'étant embrasé par le feu, se fondit et forma une liqueur qui se durcit par le refroidissement, et donna la première idée du verre.

Les Phéniciens, peuple d'Asie situé sur les confins de la Syrie, de la Palestine, et sur le rivage de la mer Méditerranée, commerçants avant tout, et dont la forme du gouvernement était celle de la république, profitant de la découverte, conservèrent longtemps le monopole de la fabrication. Au temps des croisades, les Vénitiens transportèrent cette industrie chez eux, et Colbert, ministre d'État sous Louis XIV, en dota la France.

Les usages du verre sont nombreux et généralement répandus. Les Égyptiens fabriquaient des vases de verre dont la valeur égalait celle de l'or ; les verreries de Sidon et celles d'Alexandrie étaient fort célèbres, et produisaient des ouvrages très-perfectionnés : déjà on taillait, on gravait, on dorait le verre, et on faisait même des verres colorés, à l'imitation des pierres précieuses ; mais les anciens ne surent jamais l'employer à garnir les fenêtres.

Sous le règne de Néron, on suppléait aux vitrages par des pierres de gypse ou d'albâtre, coupées en feuilles très-minces, mais qui ne résistaient pas au feu. On se servait encore d'une espèce de coquille nacrée pour garnir les ouvertures des maisons et les parois des litières des dames. Au moyen âge, on employait encore des feuilles de corne en guise de vitraux.

Dès la plus haute antiquité, la fabrication du verre eut lieu par des moyens analogues à ceux qu'on emploie aujourd'hui. Toutefois cette industrie a beaucoup profité des progrès de la chimie moderne, depuis surtout les recherches de Berzelius, savant chimiste suédois.

XII

L'HORLOGE ET LES CADRANS

———

Une horloge est, en général, un mécanisme indiquant les heures et leurs subdivisions. Un cadran solaire nous rend le même service; mais l'usage a décidé qu'on lui laisserait le nom de *cadran*, et que celui d'horloge serait réservé pour les machines qui donnent la mesure du temps.

Mercure Trismegiste, qui vivait peu de temps après Moïse, ayant remarqué que le singe cynocéphale jette douze cris par jour, et à distance égale, partagea la journée en douze parties qu'il nomma heures. Les Grecs reçurent des Babyloniens l'usage de l'aiguille solaire et des horloges de quelque nature qu'elles fussent. Les montres solaires sont encore aujourd'hui très-communes, et les gens de la campagne jugent assez juste de l'heure qu'il est par l'ombre de leur corps ou de leur maison.

On offrit à Charles V la première montre que l'on vit en France; et ce fut à Nurenberg, en Allemagne, vers 1500, que furent exécutées les montres de poche qui parurent à la cour de Charles IX et de Henri III. Les Allemands reçurent les premiers en Europe la connaissance de l'horlogerie des Arabes, qui la tenaient des Orientaux.

Galilée, né à Pise en 1564, et professeur de mathématiques à Padoue à l'âge de vingt-quatre ans, ayant observé le mouvement régulier et incessant de la lampe suspendue à la voûte des églises, inventa le pendule.

En 1666, Christian Huygens de Zulichem, né à la Haye en 1629, venu pour la cinquième fois en France, publia un mémoire sur le pendule, et l'application qu'il en fit à l'horlogerie lui mérita le titre de restaurateur de cet art. Il reçut de Louis XIV une pension considérable et un logement au Louvre.

Les artistes français et anglais perfectionnèrent beaucoup la composition et l'exécution des instruments destinés à mesurer le temps; et c'est à Paris que l'on a le mieux réussi à décorer les appartements par la forme extérieure de ces meubles ingénieux appelés pendules, et devenus grammaticalement du genre féminin.

Vers 1762, on mettait en apprentissage chez un horloger de Versailles un petit Suisse, âgé de quinze ans; il n'avait point réussi dans ses premières études, et ne se prêtait même qu'avec une extrême répugnance à commencer la carrière de l'horlogerie qu'il devait parcourir avec tant d'éclat. Il avait perdu son père à l'âge de dix ans, et à peine avait-il terminé son apprentissage, qu'il perdit sa mère et son beau-père, et se vit seul avec sa sœur sans fortune et sans appui. Il trouva alors dans son courage et son talent le moyen de soutenir sa sœur, de suivre un cours de mathématiques pour compléter son instruction, et de former un établissement dont la renommée ne tarda pas à se répandre dans toute l'Europe. Il serait bien difficile d'énumérer toutes les combinaisons ingénieuses et savantes sorties des ateliers de ce grand artiste. La ville de Paris lui doit la plus belle horlogerie de l'Europe, et l'Europe lui doit les merveilleux développements donnés depuis quelque temps en tous lieux à cette admirable industrie. Ce savant, cet artiste, c'est Abraham-Louis Breguet, né en Suisse, en 1747, d'une famille originaire de France, mais qui s'était expatriée lors de la révocation de l'édit de Nantes.

XIII

LES PARATONNERRES

Si l'audace de celui qui le premier s'élança dans l'atmosphère au moyen d'un ballon fait époque dans l'histoire des sciences, celle du physicien qui parvint à soustraire la foudre à l'atmosphère n'est pas moins capable d'inspirer l'étonnement : les noms de Montgolfier et de Franklin doivent se confondre dans un sentiment commun d'admiration.

Entendez-vous dans le lointain gronder l'orage? A ce bruit sourd succèdent tout à coup des craquements vifs et nets, accompagnés de roulements longs et sonores : c'est le tonnerre. Son action contre les objets terrestres se nomme la foudre : c'est un feu très-vif qui éclate et qui est capable de suffoquer l'homme et les animaux, et de les faire périr en un instant. Ses effets sont terribles : elle renverse les édifices les plus solidement construits, pénètre partout à l'aide des conduits métalliques qu'elle rencontre; elle brise, brûle et fond les corps les plus durs.

Eh bien, tracer un chemin à la foudre, sans qu'elle puisse dévier ni donner lieu à aucun accident, telle est l'admirable découverte due à Benjamin Franklin, né à Boston en Pensylvanie, en 1706.

On y parvient en élevant sur un bâtiment une tige de fer terminée par une pointe; on met cette tige en communication avec la terre au moyen d'une corde ou d'une barre de métal, dont la partie inférieure pénètre à une certaine profondeur dans la terre. Il faut toujours faire communiquer le paratonnerre avec le sol par la voie la plus courte. Autant un paratonnerre bien construit et entretenu en bon état peut inspirer de sécurité, autant il pourrait devenir dangereux s'il ne remplissait pas ces deux conditions. Après trente ans, un paratonnerre établi avec soin remplit encore toutes les conditions désirables, et, pour préserver de la foudre un édifice de quarante mètres, il faut un paratonnerre dont la tige en ait dix.

XIV

L'ÉLECTRICITÉ

L'électricité est un agent physique puissant,
dont la présence se manifeste par un grand nombre de phénomènes. Malgré les nombreux travaux
dont l'électricité a été l'objet, on ne connaît point
l'origine et la nature de cet agent; mais ce qui est

certain, c'est qu'une des principales causes qui développent l'électricité est le *frottement*.

Il existe dans la composition de tous les corps, soit du corps humain, soit dans les végétaux, ou dans les métaux, des forces secrètes, invisibles, insaisissables, que l'on appelle *fluides*.

Par le frottement, ces fluides se rencontrent, s'attirent ou se repoussent, et déterminent ainsi divers mouvements dans les corps qui les contiennent.

Six cents ans avant l'ère chrétienne, Thalès, un philosophe grec, parle de la propriété qu'a l'ambre jaune d'attirer les corps légers; on découvrit depuis qu'un grand nombre de substances, quand on les frotte avec un morceau de drap ou une peau de chat, acquièrent aussi la propriété d'attirer les corps légers : de ce nombre sont la cire à cacheter, la résine, la gutta-percha, le soufre, le verre, la soie, etc.

Ces observations ont amené à comprendre qu'on pourrait appliquer cette faculté de mouvement à des objets utiles, tels que la boussole, les paratonnerres; on s'en servit pour régulariser et accélérer le mouvement d'instruments mécaniques. De là l'invention admirable du télégraphe électrique, dont le jeu est produit principalement par la combinaison de l'aimant et du fer.

XV

LE TÉLÉGRAPHE

Le télégraphe est une machine qui sert à transmettre des ordres ou des nouvelles importantes
d'un lieu à un autre au moyen de signaux pendant le jour.

Au commencement de la Révolution, en 1795,
lorsque les idées les plus gigantesques fermentaient

dans toutes les têtes, l'abbé Chappe fit hommage à la Convention d'une idée qu'il avait conçue dès sa première jeunesse. Les frères Chappe étaient nés à Burton, département de la Sarthe; Claude, l'abbé, se trouvait dans un séminaire près d'Angers; ses frères étaient dans un pensionnat situé en face et à une demi-lieue de distance. L'abbé, dont les jours de congé n'étaient pas aussi fréquents que l'étaient pour ses frères les jours de sortie, voulut triompher de l'éloignement qui les séparait. Après beaucoup d'essais infructueux, il imagina de se servir d'une grande règle de bois tournant sur un pivot : aux deux extremités de la règle tournaient aussi sur deux pivots des ailes moitié plus petites. On obtenait ainsi cent quatre-vingt-douze signes différents, qu'il était facile de distinguer à l'aide de longues-vues. Voilà le germe du télégraphe. Aidés des conseils du célèbre horloger Bréguet, les frères Chappe firent leur machine à peu près telle qu'elle existe aujourd'hui. Le premier essai du télégraphe fut l'annonce de la reprise de Condé sur les Autrichiens, et la réponse immédiate de la Convention : *L'armée du Nord a bien mérité de la patrie.*

La nécessité a toujours rendu les hommes industrieux, et l'idée de correspondre de loin à l'aide de signaux opaques pendant le jour, et de fanaux disposés d'une certaine manière pendant la nuit, remonte à l'origine des sociétés. Dieu lui-même l'enseigna aux hommes par cette colonne de feu et de fumée qui guidait les Hébreux à travers le désert. Un vieux serviteur d'Agamemnon épia pendant dix ans le feu allumé sur le mont Ida, et répété sur le mont Athos, qui devait faire connaître à Clytemnestre la prise de Troie, et nos ancêtres, dans les guerres de César, s'avertissaient de tous les mouvements de son armée au moyen de feux allumés sur les montagnes.

XVI

LA VAPEUR

La vapeur est une matière déliée et humide qui, sous forme de fumée, se dégage des liquides soumis à l'action de la chaleur, et s'élève à une certaine hauteur dans l'atmosphère.

La vapeur d'eau, la seule dont nous ayons à

nous occuper ici, joue dans la nature un rôle important. Les hommes sont parvenus à l'approprier à leurs besoins de tant de manières, qu'il était impossible qu'elle ne fixât pas l'attention des naturalistes et des physiciens.

Il y a bientôt deux mille ans, Hyéron d'Alexandrie, né vers l'an 120 avant Jésus-Christ, fut amené par ses études à l'idée que la vapeur pouvait être employée comme force motrice.

C'est en vain que les Anglais ont voulu attribuer à Jonathan Hull, et les Américains à Fulton, l'invention des bateaux à vapeur. En 1690, Papin, ingénieur français, né à Blois vers le milieu du dix-septième siècle, fit exécuter une petite machine à vapeur qui fonctionnait parfaitement; il avait prévu qu'on pouvait tirer parti de la force du piston pour produire des effets mécaniques variés, et entrevu même la possibilité de se servir de la vapeur pour la navigation. En 1802, Robinson eut la première idée de se servir de la vapeur pour les voitures. Depuis, beaucoup d'autres modifications ont été apportées dans la construction des machines, non-seulement pour la navigation et le transport par terre, mais aussi pour les ateliers.

La vapeur aujourd'hui est un des éléments les plus essentiels à l'industrie; elle donne à l'homme la force et la fécondité. Grâce aux merveilles qu'elle produit, le monde a pris des allures nouvelles, et devant lesquelles les peuples qui l'ont habitée autrefois demeureraient confondus d'étonnement. Les manufactures les plus délicates et les plus compliquées marchent par l'impulsion de la vapeur et exécutent leurs travaux avec une exactitude que rien n'égale; les bateaux remontent les fleuves les plus roides comme d'eux-mêmes, et les vaisseaux triomphent comme par enchantement du refus des vents et du soulèvement de l'Océan; les chariots, débarrassés de leurs attelages, courent spontanément sur les chemins et se rendent où on les envoie; on dirait un génie invisible qui est venu se mettre aux gages de l'homme pour manœuvrer ses marteaux et ses métiers, faire le service de ses transports par eau et par terre, et remplacer avec une supériorité gigantesque les esclaves et les bêtes de somme dans les mille endroits où ils versaient autrefois leurs sueurs.

XVII

LES BALLONS OU AÉROSTATS

La pensée d'inventer un appareil à l'aide duquel on pût s'élever dans l'air paraît avoir, dès la plus haute antiquité, occupé l'esprit humain; mais la gloire de l'exécution en était réservée au dix-huitième siècle, et, de toutes les expériences faites dans les temps modernes, celle qui causa le plus de surprise et d'admiration fut l'ascension des aérostats, vulgairement appelés ballons, et destinés à naviguer dans l'air.

Cet art est incontestablement d'origine française. C'est aussi en France que l'on a fait les plus belles et les plus importantes applications de ce nouveau moyen d'étendre l'empire de l'homme sur la nature.

Par des expériences précises, Montgolfier, né en 1740 à Vidalon-lez-Annonay, fit élever le premier aérostat, le 4 juin 1785, sous le règne de Louis XV, et, le 21 novembre de la même année, Pilâtre-des-Rosiers et d'Arlandes tentèrent de se lancer à ballon perdu dans le vaste champ des airs. Plus tard, l'aéronaute Blanchard, partant de Douvres, vint aborder à Calais, traversant ainsi le bras de mer qui sépare l'Angleterre de la France. Au siége de Mayence, le colonel Boutelle s'éleva en ballon pour surprendre les positions des habitants. Les assiégés, électrisés par ce spectacle, s'abstinrent de tirer pendant tout le temps qu'on vit l'officier français balloté par le vent; ils firent même sortir de la place des parlementaires pour aller prier le général français de faire descendre l'intrépide aéronaute.

Le seul perfectionnement apporté à l'aéronautique est le parachute, vaste parapluie de cinq mètres de rayon, qui, en s'étendant, diminue la vitesse de la descente par le grand développement de sa surface. En 1802, Garnerin forma l'audacieux dessein de s'élever en aérostat et de se laisser tomber de plus de deux cents mètres d'élévation.

Quelque importante que soit cette découverte, elle n'a cependant pas encore amené de grands résultats; et, à part des expériences sur la composition de l'air des régions supérieures, entreprises par MM. Biot et Gay-Lussac, le plan de Paris par Lomet, et le succès de la bataille de Fleurus, le 26 juin 1794, où l'emploi des ballons servit à faire connaître la situation des armées ennemies, les aérostats ne présentent plus guère aujourd'hui qu'un objet d'amusement et de curiosité.

Montgolfier, pour prix de ses travaux, reçut de l'Académie une gratification de quarante mille francs; encore était-elle destinée à la construction d'un aérostat qui devait servir à chercher les moyens de direction. Plus tard, il reçut de Bonaparte, premier consul, la croix de la Légion d'honneur. La plupart des autres aéronautes périrent victimes de leur intrépidité.

XVIII

LES CARTES A JOUER

On appelle cartes à jouer de petits feuillets de carton minces et lissés, ordinairement blancs et sans tache l'un côté, et peints de l'autre de figures différentes.

Les Lydiens, habitant une des provinces les plus

riches de l'Asie-Mineure, inventèrent, dit-on, les cartes dans une extrême disette que ce jeu leur fit presque oublier. Il est possible que les Lydiens aient connu un jeu qui se jouait avec des tableaux figurés comme celui-ci, mais à coup sûr ce n'était pas le jeu de piquet. Les cartes vinrent d'Orient avec les échecs, et les Arabes, ces grands joueurs d'échecs, donnèrent peut-être cette autre forme à leur jeu favori.

On a longuement disserté pour savoir si les cartes en usage aujourd'hui étaient françaises, allemandes, espagnoles ou italiennes. Les costumes des figures et les fleurs de lis qui se trouvent reproduites sur plusieurs cartes constatent leur origine française et l'époque de leur origine. L'invention des jeux de cartes date du règne de Charles VI, qui dura de 1380 à 1422; elle eut pour objet d'amuser les loisirs de ce malheureux prince, pendant les intervalles de ses accès de folie.

Avant la gravure en taille de bois, les cartes étaient enluminées de même que les manuscrits et coûtaient fort cher, puisqu'en 1430 Visconti, duc de Milan, fit compter quinze cents pièces d'or à un peintre français pour prix d'un seul jeu; mais, lorsque la gravure permit de reproduire à l'infini une empreinte grossière, les graveurs d'Allemagne répandirent dans toute l'Europe leurs jeux de cartes, qui devinrent populaires en tombant à bas prix. La ville d'Ulm faisait un tel commerce de cartes, qu'on les envoyait par ballots en Italie et en Sicile pour les échanger contre des épices et des marchandises.

En dépit des ordonnances qui ont fréquemment renouvelé la prohibition des cartes à jouer, ce jeu, varié par d'innombrables combinaisons, s'est toujours maintenu et se maintiendra toujours à la tête des jeux, avec les échecs et les dames.

XIX

LES ÉCHECS

Sur une table où l'on a tracé des cases, on range
de chaque côté des pions de formes et de couleurs
différentes. L'habileté consiste à les soutenir l'un
par l'autre, à enlever ceux de son adversaire lors-
qu'il s'écarte avec imprudence, à l'enfermer au
point qu'il ne puisse plus avancer; à lui permettre

de revenir sur ses pas quand il a fait une fausse marche; c'est là ce qu'on appelle le jeu d'échecs.

Beaucoup d'érudits ne trouveraient pas le berceau du jeu des échecs assez illustre, si ce jeu n'était, comme le jeu de l'oie, renouvelé des Grecs. Ils font honneur de son invention à Palamède, fils de Nauplius, roi de l'île d'Eubée, qui aurait enseigné ce jeu, image de la guerre, à ses compagnons pour charmer l'ennui du siége de Troie, qui dura dix ans.

L'opinion la plus générale est que l'invention des échecs appartient aux Indiens. Un bramine nommé Sissa, voulant démontrer à un jeune prince que le peuple est le véritable appui du trône, et qu'un monarque ne tire sa force que de la réunion des forces de ses sujets, inventa, dit-on, le jeu des échecs, où, tout important qu'il est, le roi ne peut attaquer ni se défendre sans le concours des autres pièces.

Frappé de la démonstration, le prince, non-seulement promit de réformer sa conduite, mais il s'engagea à donner au bramine la récompense qu'il lui plairait de demander. Celui-ci demanda autant de grains de blé qu'en produirait le nombre des cases de l'échiquier, en doublant toujours la somme depuis un jusqu'à soixante-quatre. Cette demande qu'on trouva fort modeste lui ayant été accordée, le roi ne vit pas sans surprise, quand il fut question d'exécuter la chose, qu'elle excédait les bornes de son pouvoir, et qu'il lui faudrait, pour acquitter sa promesse, 16,584 villes qui eussent chacune 24 greniers, dans chacun desquels il y aurait 174,762 mesures contenant chacune 32,768 grains.

C'était une leçon pour faire remarquer au prince dans quels piéges il pourrait tomber, en s'engageant par des promesses dont il ne connaissait pas la portée.

Il en fallait moins pour mettre les échecs à la mode; chacun voulut, à l'exemple du prince, jouer à ce jeu, qui s'appelle en persan *jeu du Shah*, jeu du roi.

XX

LA SCULPTURE

La sculpture est l'art de tailler le bois, la
pierre, le marbre, les minéraux, les métaux, de
couler le bronze, de façonner la terre ou la cire,
d'ôter enfin ou d'ajouter à la matière, pour la
plier à diverses représentations.

Un enfant pétrit une masse molle et lui fait prendre les formes les plus capricieuses, sans qu'il ait la moindre connaissance du dessin. Ainsi se révéla la sculpture.

De tous temps et chez tous les peuples civilisés ou sauvages, il y a eu des sculpteurs; car, du moment où l'homme conçut l'idée de la divinité, il voulut en posséder l'image. Les hideux fétiches des sauvages, l'Hermès informe des anciens, l'Apollon pythien, reçurent les adorations des hommes, et dans les idoles de Laban et le veau d'or des Israélites nous trouvons les preuves de l'antiquité de la sculpture.

Ce fut sous Périclès et sous Alexandre le Grand que cet art reçut chez les Grecs son plus grand développement. C'était l'époque où florissaient Phidias et Praxitèle, dont les noms immortels ont parcouru tous les âges. Les Grecs excellaient surtout dans la sculpture des sujets enfantins.

La France eut aussi ses sculpteurs. Jean Cousin et Jean Goujon, sous François Iᵉʳ et Henri II, décorèrent ses palais et ses églises, et on admire tous les jours au Louvre le groupe colossal de Milon de Crotone déchiré par un lion, de Pierre Puget, né à Marseille le 31 octobre 1622. Les historiens ont rapporté l'exclamation échappée à Marie-Thérèse lorsque la caisse qui renfermait le groupe fut ouverte en présence de Louis XIV et de sa cour : *Ah! le pauvre homme!* s'écria la princesse à l'instant où la figure se trouva dévoilée. Ce cri de la pitié ne fut pas le seul éloge donné dans cette occasion au chef-d'œuvre de la sculpture française, et plus tard Louis XIV adressait à François Puget ces nobles paroles : « Votre père est grand et illustre; il n'y a personne dans l'Europe qui le puisse égaler. »

XXI

LA PEINTURE

On a dû peindre dans tous les temps : l'instinct
de l'homme l'a rendu essentiellement imitateur ;
cependant on attribue à l'amour maternel l'origine de la peinture. De la pointe d'un stylet, une
mère trace les contours de l'ombre de son fils

projetée sur la muraille, et, quand il combattra pour sa patrie, elle viendra, pauvre femme, près de cette image chérie prier les dieux de le lui conserver.

Les peuples, quels qu'ils soient, hôtes des villes ou des déserts, ont embelli par la peinture leurs habitations, décoré leurs temples, enrichi les statues de leurs dieux. La peinture rehaussait de son éclat les murs de la haute Égypte, et, 2108 ans avant notre ère, Sémiramis fit peindre des animaux-fantastiques sur les ponts de Babylone. Unie à l'or, la peinture brille dans les pagodes de l'Inde; elle décorait les temples sanglants des Mexicains; et de nos jours elle est le plus bel ornement de nos églises et de nos palais.

La Grèce sera toujours pour nous la patrie des arts; mais, naturellement voyageuse, ainsi que les lettres et les sciences, la peinture quitta les bords fleuris du Céphise pour venir sur les rives du Tibre et du Bosphore; mais à Rome, comme à Constantinople, elle fut cultivée par des artistes grecs.

Au seizième siècle la peinture florissait en Italie sous la protection des princes de l'Église. Michel-Ange à Rome, Léonard de Vinci à Milan, le Corrége à Parme, le Titien à Venise, fixaient d'une manière immortelle sur la toile les traits périssables de notre humanité; et, quand on voit l'excellence de la beauté que Raphaël Sanzio a su communiquer à ses figures de vierges, on serait tenté de croire que la reine des anges a consenti à lui apparaître.

Jean Cousin commença la peinture française; puis nous voyons apparaître Nicolas Poussin, Claude le Lorrain, Philippe de Champagne, et l'historien de saint Bruno, Eustache Lesueur. Sous Louis XV le goût s'était corrompu avec les mœurs; car il y a toujours solidarité entre ces choses, et, lorsque la Révolution française éclata, le désordre était accompli. Enfin David vint, et sa main ferme releva la dignité de l'art; il fit revivre l'étude parmi ses élèves et les ramena à celle de la nature. Aujourd'hui on se perd par excès de hardiesse, on ose tout jusqu'à l'absurde.

XXII

LA GRAVURE

A Florence, en 1452, une femme ayant posé
sur l'établi de Maso Finiguerra un paquet de
linge mouillé sans faire attention qu'il s'y trouvait
une planche gravée dont les tailles étaient pleines
d'une teinte noire et grasse, l'artiste fut fort

étonné, en enlevant ce paquet, de voir tout le travail de la gravure empreint avec fidélité sur le linge mouillé. Du linge mouillé à des essais sur du papier humecté, il n'y eut qu'un pas. Finiguerra le fit, et l'art d'imprimer des planches sur métal fut trouvé et fit en peu de temps de rapides progrès.

La gravure consiste donc à tracer un dessin quelconque sur une matière dure, et à tirer des épreuves gravées par le moyen découvert plus haut; c'est ce qu'on appelle la gravure en creux. Les deux autres divisions de la gravure sont la gravure en relief et celle en bas-relief.

La gravure en creux est tellement ancienne, qu'on en voit des traces chez presque tous les peuples.

La gravure en relief est plus moderne. Les Chinois la pratiquaient dans le onzième siècle, les Indiens dans le treizième, et c'est seulement dans le quinzième siècle qu'on en voit des traces en Europe. C'est de cette gravure plus moderne qu'on a tiré des épreuves en premier. Elle s'exécute ordinairement sur du bois, sur du cuivre; on l'emploie particulièrement dans la fabrication des estampilles qu'on imprime à la main sur des objets qu'on veut faire reconnaître; elle sert aussi pour les ornements que les relieurs placent sur le dos des livres. La gravure sur bois sert dans l'impression des toiles et des papiers peints. Depuis quelques années on a recommencé à orner les livres avec des vignettes gravées sur bois; mais on a fait de grands changements dans la manière de graver les planches, et c'est à l'aide de ces procédés qu'on doit la perfection des gravures publiées en France par Bourgon et Thomson, et en Angleterre par Nesbitt.

La gravure des médailles et la gravure sur pierre, connues toutes deux des anciens, élevées par eux à une si grande perfection, et dont il nous reste de si nombreux résultats, ne sont réellement que la sculpture en bas-relief.

On emploie, mais à tort, le mot gravure pour synonyme d'estampe : une estampe est le résultat, le produit d'une gravure. L'art de multiplier la gravure par l'impression donne aux estampes un avantage sur les tableaux : ceux-ci, placés dans les églises, les palais, les salons, y éprouvent des dégradations fréquentes; celles-là, placées dans un portefeuille ou sous verre, sont bien moins exposées.

C'est dans le dix-septième siècle qu'ont été faites les plus belles estampes. La France et la Flandre semblèrent rivaliser ensemble et laisser loin d'elles les autres pays, où les beaux-arts pourtant avaient été exercés avec tant de succès.

XXIII

LA LITHOGRAPHIE

Au commencement de ce siècle, un pauvre choriste du théâtre de Munich, Aloys Senefelder, qui tâchait d'accroître ses ressources en copiant de la musique, voulant accélérer un travail minutieux et trop lent, tenta de multiplier les copies

par des procédés moins coûteux et plus expédi-
tifs que ceux employés jusqu'alors. Pauvre et
isolé, Senefelder était obligé de suppléer par des
moyens que lui suggérait son esprit inventif à
tout ce qui lui manquait. Des essais réitérés, souvent sans résultats, parfois couronnés de succès,
mais toujours poursuivis avec ardeur dans le cercle étroit de ses ressources, attestèrent sa persé-
vérance. Il inventa l'encre chimique. Ne pouvant
donner à ses planches le poli convenable, il imagina de se servir des pierres calcaires qu'on
trouve en Allemagne, dans les carrières de Solen-
hœfen. Avec son crayon et son encre on traçait
sur la pierre toute sorte de dessins et d'écritures,
et on pouvait obtenir avec netteté et en peu de
temps plusieurs centaines d'épreuves, donnant
sur le papier le *fac-simile* de l'original. Les artistes, remplis de défiance pour une encre dont on
faisait alors un secret, hésitaient à confier à la

pierre des productions qu'ils voyaient s'effacer en un instant sous la préparation chimique qu'on leur faisait subir, et, bien qu'elles reparussent après aussi pures qu'auparavant, ils n'osaient les soumettre à une action dont ils ne pouvaient aussitôt s'expliquer les effets.

Un heureux hasard vint encore favoriser Senefelder au milieu de ses expériences incessantes : un jour que, manquant de papier, pour prendre note du linge qu'il donnait à laver, il avait écrit avec son encre chimique son mémoire sur une pierre polie, il voulut voir ce que deviendraient les caractères qu'il venait de tracer, en lavant la pierre avec un mélange d'eau-forte et d'eau. L'acide rongea toutes les parties que l'encre grasse n'avait pas touchées, et les lettres restèrent en relief ; en les noircissant ensuite avec un tampon, il obtint par la pression une épreuve assez nette de son mémoire, mais au rebours. A partir de là.

tout était trouvé, et bientôt le rouleau et la presse
à branches vinrent, par leurs moyens mécaniques,
faciliter le tirage et suppléer à tous les besoins de
l'art.

Le roi de Bavière et l'empereur d'Autriche.
jaloux de récompenser l'inventeur de la lithogra-
phie, accordèrent, chacun dans ses États, à Senefelder un privilége exclusif pour l'exercice de
son procédé pendant plusieurs années.

Depuis lors, à Paris. à Londres, dans toutes
les villes, on vit s'ouvrir des imprimeries litho-
graphiques, et les presses secondèrent à l'envi
l'inépuisable fécondité de nos artistes.

XXIV

DAGUERRÉOTYPE, PHOTOGRAPHIE

Le daguerréotype, ainsi nommé de Daguerre, son inventeur, est un appareil dont le produit donne une espèce de calque pris sur les objets ou les personnes mêmes dont on veut reproduire l'image.

Dès 1770, un chimiste suédois avait reconnu que le chlorure d'argent, qui se conserve blanc dans l'obscurité, noircit par l'action de la lumière. A l'aide de cette propriété, on pouvait reproduire des gravures sur une feuille de papier recouverte de chlorure d'argent; on appliquait une estampe, et on exposait le tout à la lumière du soleil, de manière à ce que cette lumière fût interceptée par les parties noires de la gravure. Mais le papier chloruré n'était noirci que dans les parties claires du dessin, tandis que les parties qui eussent dû être ombrées restaient blanches. Cette copie, où l'ordre des tons était ainsi renversé, avait en outre le défaut de s'effacer dès qu'elle était exposée à l'action de la lumière.

Or Daguerre imagina de soumettre une lame de cuivre, plaquée d'argent, à diverses préparations chimiques qui avaient pour but de recevoir les gradations de clair et d'ombre dans l'ordre qu'ils occupent sur la nature et de rendre l'image inaltérable à la lumière. Il ne parvint à compléter et à perfectionner son appareil qu'après dix ans de recherches et d'expériences répétées.

La personne dont on veut reproduire les traits est placée en face de l'*objectif* ou lentille de verre, qui répète leur forme et la reflète sur la feuille de métal, où elle s'imprime ensuite avec toutes ses variétés de tons.

Après le daguerréotype, la photographie fut facile à obtenir ; elle s'opère par des moyens analogues, et peut s'exécuter sur verre et sur papier, ce qui la rend, pour le portrait, bien préférable aux épreuves sur métal que donne le daguerréotype.

XXV

LA MUSIQUE

De retour du camp d'Holopherne, Judith, entourée des hommes, des femmes, des jeunes filles et des jeunes gens, chanta ce cantique au Seigneur et dit :

« Chantez à la gloire du Seigneur, au son des tambours et au bruit des cymbales, chantez avec de saints accords un nouveau cantique; glorifiez, invoquez son nom. »

La musique est l'art d'émouvoir les hommes par des sons. Elle s'empare d'abord des sens, et les sentiments de piété, de fierté, de joie, de fureur ou de gloire qu'elle sait si bien exprimer, ont déjà pénétré dans notre àme avant que notre raison en vienne sanctionner les effets.

Les anciens prétendaient que ce fut en Égypte que la musique commença à s'établir, et qu'on en reçut la première idée du son que rendaient les roseaux du Nil quand le vent soufflait dans leurs tuyaux. Le chant des oiseaux dut aussi apprendre aux hommes à modifier leur voix et leur gosier. Apollon, Mercure, Amphion, Cadmus, sont tour à tour cités par les anciens comme inventeurs de la musique. Moïse nous parle de Jubal, qui vivait avant le déluge, et qui fut maître de ceux qui jouaient du *kuinor* et du *hugab*. Les instruments se divisent en instruments à vent, en instruments à cordes et en instruments qu'on frappe.

Enfant de la reconnaissance des hommes envers Dieu, la musique prit naissance avec le monde. Il fallait un langage universel pour exprimer un sentiment universel. La religion créa la

musique. Lorsque l'architecture éleva son premier temple, ses lambris retentirent des mêmes
concerts que la divinité agréait depuis longtemps
sous la voûte religieuse des forêts; et, si, dans son
rapport avec les autres arts, on refuse à la musique la première place, on ne peut du moins lui
refuser l'antériorité.

La musique, qui n'est point sans puissance sur
les animaux, adoucit les mœurs; les peuples qui
y furent insensibles surpassèrent les autres en
cruauté. Elle était employée par les anciens à la
guérison de bien des maladies; aujourd'hui elle
est un peu déchue.

Tout le monde sait que David, par le son de la
harpe, dissipait la mélancolie de Saül. Timothée
excitait les fureurs d'Alexandre ou calmait à
son gré ce monarque jusqu'à l'indolence. Un
musicien plus moderne excitait dans Erric, roi
de Danemark, une telle fureur, qu'il tuait ses

plus fidèles serviteurs; et aux noces du duc de Joyeuse, sous le règne de Henri III, un musicien anima tellement un courtisan, qu'il mit les armes à la main en présence du roi.

En 1024, Guy d'Arezzo, religieux bénédictin, inventa la gamme en usage aujourd'hui et nomma les sept notes du mot qui commence chaque ligne d'une hymne de l'église.

Ut queant laxis
Résonare fibris
Mira gestorum
Famuli tuorum,
Solve polluti
Labii reatum,
Sancte Johannes.

Protégé par les papes Jean XIX et XX, il put dans la retraite s'occuper d'utiles travaux relatifs à cet art et réformer la méthode de plain-chant usitée jusqu'alors..

XXVI

LA DANSE

La danse est un assemblage varié de gestes et
d'attitudes. On doit reconnaître, dans les mouvements du visage et dans ceux qui agitent le corps,
l'expression des sentiments de l'homme. Chez
tous les peuples connus, même les plus sauvages,

la danse a été de tous les arts le premier à se manifester.

La première danse fut sacrée. Moïse et Marie, sa sœur, après le passage de la mer Rouge et le désastre de Pharaon, dansèrent en conduisant, l'un un chœur d'hommes, et l'autre un chœur de femmes. Les jeunes filles de Silo dansaient durant la fête des Tabernacles, et David dansa devant l'arche sainte quand les lévites la conduisirent à Bethléem. Les Égyptiens dansaient en rond autour de leurs autels pour imiter la marche des astres autour du soleil, et chez les Grecs il n'existait aucune fête ni cérémonie religieuse où la danse n'eût quelque part.

A la danse allégorique représentant le cours et la marche des astres, on substitua, dans la suite, la représentation d'une action, et les anciens portèrent très-loin la perfection dans ce genre : l'apparition des Euménides dans la tragédie d'*Oreste*

avait un caractère si expressif, quoique muet,
qu'elle porta l'effroi dans l'âme des spectateurs;
la multitude s'enfuit, des femmes s'évanouirent.
Cet exemple suffit pour indiquer que la danse
était alors autre chose que l'exercice auquel nous
donnons aujourd'hui ce nom, qui n'est plus parmi
nous qu'une suite de mouvements inexpressifs, de
pas arbitraires, remarquables seulement par la
perfection plus ou moins grande de leur exécution.

Brantôme a eu soin d'enregistrer le succès de
Charles IX et de Marguerite de Valois dansant la
pavane d'Espagne : il ne pouvait se lasser de les
regarder; et cependant, écrit-il, il avait vu dan-
ser la reine d'Espagne et la reine d'Écosse, l'in-
fortunée Marie Stuart.

La danse était un des amusements favoris de
Henri IV, et le grave Sully était l'ordonnateur de
ses ballets. Louis XIV se plaisait à jouer un rôle

dansant dans les opéras de Benserade, et de nos jours quelques jeunes fashionables de notre haute société ont aussi voulu prendre part au bal masqué de *Gustave*.

Lorsque les plaisirs reparurent à la suite de la terreur, la société attacha un prix exagéré au mérite d'une danse élégante. Quelques jeunes gens, quelques dames du grand monde, se firent les émules des artistes de notre Grand-Opéra. Trénitz en perdit la tête et mourut dans un des asiles de la folie. La mode des beaux danseurs était passée, elle pourrait bien revenir; les polkas, les mazurkas et la redowa menacent de nous rendre les danseurs de salon.

TABLE DES MATIÈRES